KB163322

콩쥐팥쥐전

The Story of Kongjwi and Patjwi

머리말

"다락원 한국어 학습문고" 시리즈는 대표적인 한국 문학 작품을 한국어 학습자들의 읽기 수준에 맞도록 재구성하여 쉽고 재미있게 독해력을 증진할 수 있도록 하였습니다. '국제 통용 한국어 표준 교육 과정'과 '한국어 교육 어휘 내용 개발'을 기준으로 초급부터 고급(A1~C2)으로 구분하여 지문을 읽으면서 각자의 수준에 맞는 필수 어휘와 표현을 자연스럽게 익힐 수 있습니다.

시대적 배경과 관련된 어휘에는 별도의 설명을 추가하여 그 당시 문화에 대해 이해하면서 본문을 읽을 수 있도록 하였습니다. 더불어 의미 전달에 충실한 번역문과 내용 이해 문제를 수록하여 자신의 이해 정도를 점검하고 확인할 수 있도록 하였고, 전문 성우가 직접 낭독한 음원을 통해 눈과 귀를 동시에 활용한 독해 연습이 가능하도록 하였습니다.

"다락원 한국어 학습문고" 시리즈를 통해 보다 유익하고 재미있는 한국어 학습이 되시길 바랍니다.

다락원 한국어 학습문고
편저자 내표 **김유미**

Preface

The Darakwon Korean Readers series adapts the most well-known Korean literary works to the reading levels of Korean language learners, restructuring them into simple and fun stories that encourage the improvement of reading comprehension skills. Based on the "International Standard Curriculum for the Korean Language" and "Research on Korean Language Education Vocabulary Content Development", the texts have been graded from beginner to advanced levels (A1–C2) so that readers can naturally learn the necessary vocabulary and expressions that match their level.

With supplementary explanations concerning historical background, learners can understand the culture of the era as they read. In addition, students can assess and confirm their understanding with the included reading comprehension questions and translations faithful to the meaning of the original text. Recordings of the stories by professional voice actors also allow reading practice through the simultaneous use of learners' eyes and ears.

We hope that Darakwon Korean Readers series will provide learners with a more fruitful and interesting Korean language learning experience.

Darakwon Korean Readers
Kim Yu Mi, Lead Adaptor

일러두기

How to Use This Book

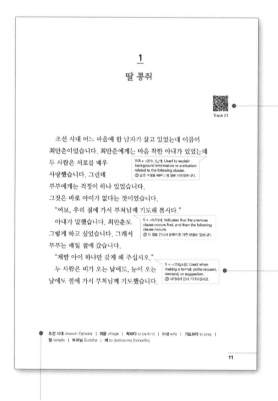

듣기 Listening

QR 코드를 통해 전문 성우가 녹음한 정확하고 생생한 작품 낭독을 들을 수 있습니다.

Using the corresponding QR codes, learners can access professional recordings of the story.

해설 Notes

학습자들이 내용을 이해하는 데 필요한 한국어 문법, 표현, 어휘, 속담, 문화적 배경 등을 알기 쉽게 설명해 주어 별도로 사전을 찾을 필요가 없도록 하였습니다.

Explanations on essential Korean grammar, expressions, vocabulary, proverbs, cultural background, etc. are provided to learners so aid understanding without the need to consult a separate dictionary.

어휘 설명 Vocabulary Explanation

각 권의 수준에 맞춰 본문에서 꼭 알아야 하는 필수 어휘를 영어 번역과 함께 제시하였습니다.

English translations are provided for the essential vocabulary matched to the level of each title.

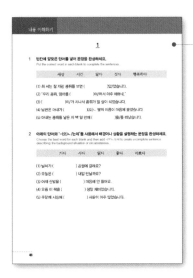

내용 이해하기 Reading Comprehension

다양한 문제를 통해 본문 내용 이해와 함께 해당 레벨에서 알아야 할 문형과 어휘를 다시 한번 확인할 수 있습니다.

Learners can check their understanding of the main text while also reviewing the essential sentence patterns and vocabulary for their level through various comprehension questions.

본문 번역 Text Translations

한국어 본문 내용을 정확히 이해할 수 있도록 의미 전달에 충실한 영어 번역을 수록하였습니다.

An English translation faithful to the original text is included to ensure an exact understanding of the original Korean story.

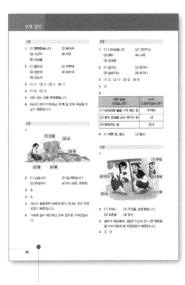

모범 답안 Answers

모범 답안과 비교하며 자신의 이해 정도를 스스로 평가하고 진단할 수 있습니다.

Learners can self-evaluate and assess their level of understanding by comparing their answers to the answer key.

작품 소개

콩쥐팥쥐전

"콩쥐팥쥐"는 입에서 입으로 전해져 내려온 구전 설화입니다. 그래서 이 이야기가 언제 만들어졌는지, 지은이가 누구인지는 알 수 없습니다.

"콩쥐팥쥐"는 이야기가 전해 내려오는 지역, 전하는 사람에 따라 다양한 형태가 있지만 착한 주인공이 어려움을 극복하여 행복한 삶을 살게 되고, 주인공에게 해를 가하려던 인물들은 벌을 받게 된다는 내용은 공통적입니다.

"콩쥐팥쥐"는 프랑스, 독일, 이탈리아, 러시아, 아프리카, 필리핀, 베트남 등 전 세계에 넓게 퍼져 있는 신데렐라류의 이야기와 비슷한 부분이 있습니다. 앞 부분에서 주인공이 새어머니와 그 자녀로부터 괴롭힘을 당하거나 초월적인 존재의 도움으로 어려움을 이겨 내는 부분, 그리고 잃어버린 신발로 인해 운명의 짝을 만나는 것이 그렇습니다. 하지만 이야기의 끝 부분에서는 다른 신데렐라류 이야기와 다른 "콩쥐팥쥐"만의 특성이 나타납니다.

"콩쥐팥쥐"는 착한 사람은 복을 받고 악한 사람은 벌을 받는다는 것, 그리고 과거에 자신의 선하고 악한 행동에 따라 미래가 결정되기 때문에 착하게 살아야 한다는 교훈을 담고 있습니다. 우리가 본받아야 할 것과 경계해야 할 것은 무엇인지 생각하면서 이야기를 읽어 봅시다.

Introduction to the Story

The Story of Kongjwi and Patjwi

"The Story of Kongjwi and Patjwi" is a story that has been passed down orally from person to person. Therefore, it is impossible to know who wrote it or when it was created.

While there are many variations of the story, each depending on the geographical region and person telling it, the common theme across all versions is that of a kind person who overcomes difficulties to live a happy life, whereas those who tried to harm the person are punished.

"The Story of Kongjwi and Patjwi" is similar to the Cinderella-style stories common around the world in places such as France, Germany, Italy, Russia, Africa, the Philippines, and Vietnam. Similar parts include the main character being bullied by her stepmother and her children in the first part, being helped by supernatural beings to overcome difficulties, and also meeting her soulmate through losing a shoe. However, "The Story of Kongjwi and Patjwi" has a unique ending that won't be found in other Cinderella stories.

"The Story of Kongjwi and Patjwi" is a story of good people finding happiness and bad people being punished, and thus it imparts the lesson that we must live a good and honest life because our futures are decided by our past deeds, both good and bad. Let's read the story while considering what things we should imitate and what things we should be wary of.

목차
Table of Contents

콩쥐팥쥐전

The Story of Kongjwi and Patjwi

배경 어휘
Background Vocabulary

동물과 물건 Animals and Things

두꺼비
toad

호미
hoe

가마
sedan chair

구슬
marbles, beads

장소 Places

절
temple

초가집
thatched-roof house

마당
yard, garden

연못
pond

강
river

1

딸 콩쥐

Track 01

조선 시대 어느 마을에 한 남자가 살고 있었는데 이름이
최만춘이었습니다. 최만춘에게는 마음 착한 아내가 있었는데
두 사람은 서로를 매우
사랑했습니다. 그런데
부부에게는 걱정이 하나 있었습니다.
그것은 바로 아이가 없다는 것이었습니다.

> V/A + -(으)ㄴ/는데: Used to explain background information or a situation related to the following clause.
> 🔈 요즘 수영을 배우는데 정말 재미있습니다.

"여보, 우리 절에 가서 부처님께 기도해 봅시다."

아내가 말했습니다. 최만춘도
그렇게 하고 싶었습니다. 그래서
부부는 매일 절에 갔습니다.

> V + -아/어서: Indicates that the previous clause occurs first, and then the following clause occurs.
> 🔈 이 길을 건너서 왼쪽으로 가면 은행이 있습니다.

"제발 아이 하나만 갖게 해 주십시오."

두 사람은 비가 오는 날에도, 눈이 오는
날에도 절에 가서 부처님께 기도했습니다.

> V + -(으)십시오: Used when making a formal, polite request, demand, or suggestion.
> 🔈 여기에서 잠시 기다리십시오.

조선 시대 Joseon Dynasty | 마을 village | 착하다 to be kind | 아내 wife | 기도하다 to pray |
절 temple | 부처님 Buddha | 께 to (someone) (honorific)

어느 날 아내가 말했습니다.

"여보, 부처님이 우리 기도를 들어주셨어요!"

최만춘은 기뻐하며 말했습니다.

"우리 이 아이를 예쁘고
착한 아이로 키웁시다."

> N + 을/를 들어주다: To listen to and answer a request or demand.
> 예 제 부탁을 들어주세요.

그리고 열 달 뒤, 예쁜 여자아이가 태어났습니다.

"여보, 우리 딸 이름을 생각해 봤어요?"

남편이 물었습니다.

"콩쥐가 어떨까요?"

> TIP! The name "Kongjwi" carries the dual meanings of "a child that will grow up to be a person just as important as soybeans are to crops" and "as small and beautiful as a soybean held in the hand."

"콩쥐? 콩쥐! 예쁜 이름이네요."

남편은 아내가 지은 딸의 이름이 마음에 들었습니다.

예쁘다 to be beautiful | 키우다 to raise | (이름을) 짓다 to give a name (to) | 마음에 들다 to like, to be fond (of)

"콩쥐, 콩쥐, 우리 콩쥐. 엄마 닮아서 아주 예쁘네." 최만춘이
콩쥐를 바라보며 말했습니다. 부부는 매우
행복했습니다.

> V/A + -네: Expresses the speaker's surprise or wonder upon learning some new information.
> 예 피아노를 정말 잘 치네.

하지만 두 사람의 행복은 너무 짧았습니다.
콩쥐가 태어난 뒤 아내는 밥도 먹지 못하고 몸이 좋지 않았습니다.
그리고 콩쥐가 태어난 지 백 일 만에 세상을 떠났습니다.

> 만에: Indicates that the preceding amount of time is how long it has been since something happened.
> 예 십 년 만에 그 친구를 다시 만났습니다.

> 세상을 떠나다 is a softer, idiomatic way to say 죽다.

최 씨는 너무 슬펐습니다.

아내가 그리워서 울고, 아이가 불쌍해서 울었습니다. 어린 딸을
혼자 키울 일도 걱정이었습니다. 하지만 걱정만 할 수는 없었습니다.
낮에는 딸을 등에 업고 일했고, 밤에는 딸을 안고 잤습니다. 혼자
아이를 키우는 일은 어렵고 힘들었습니다. 그래도 최 씨는 딸을
생각하며 열심히 살았습니다.

시간이 흐르고 콩쥐가 열 살이 되었습니다. 콩쥐는 예쁘고 착한
아이였습니다. 똑똑하고 부지런해서 마을 일도 잘 돕고 집안일도
잘했습니다. 아버지께 드릴 음식과 옷도 열심히 만들었습니다.

마을 사람들은 늘 콩쥐를 칭찬했습니다.
최 씨도 잘 자란 콩쥐를 보면 행복했습니다.
두 사람은 작은 초가집에서 행복하게
살았습니다.

닮다 to resemble (someone) | **그립다** to miss (someone) | **불쌍하다** to feel pity (for) | **등에 업다**
to carry on one's back | **안다** to hug (someone) | **시간이 흐르다** time passes | **부지런하다** to be
diligent | **자라다** to grow up

2

새어머니와 팥쥐

Track 02

몇 년 후 콩쥐가 결혼할 나이가 되었습니다. 최 씨는 자주 콩쥐에게 결혼 이야기를 했습니다. 하지만 콩쥐는 결혼 생각이 없었습니다. 자신이 결혼을 하면 아버지 혼자 지내는 것이 걱정되었기 때문입니다.

"아버지, 저는 결혼하고 싶지 않아요. 이렇게 아버지와 함께 사는 것이 좋습니다."

> 저 is a humble form of 나. It is used when the speaker is talking to a social superior or someone unfamiliar. When used with the subject marker 가, the form 제 is used.

하지만 최 씨는 마음이 편하지 않았습니다. 왜냐하면 아버지를 걱정하는 콩쥐의 마음을 다 알고 있었기 때문입니다.

어느 날, 최 씨의 친구가 최 씨에게 배 씨 성을 가진 여자를 소개해 주었습니다. 배 씨는 다른 사람과 나누는 것을 좋아하지 않고 돈만 좋아하는 사람이었습니다. 하지만 최 씨 앞에서는 착한 사람인 것처럼 행동했습니다.

> N + 처럼: Expresses that the behavior or state of something is the same or similar to that of another.
> 예 동생은 가수처럼 노래를 잘 불러요.

새어머니 stepmother | 몇 a few, some | 후 after (Ant) 전 | 결혼하다 to marry | 걱정되다 to worry (about) | 걱정하다 to worry | 나누다 to share | 행동하다 to behave, to act

14

그래서 최 씨는 배 씨가 마음에 들었습니다. 배 씨와 결혼하면 콩쥐가 마음 편하게 결혼할 수 있을 것 같았습니다. 최 씨는 배 씨의 진짜 모습을 모르고 배 씨와 결혼했습니다. 배 씨에게도 딸이 있었는데 이름은 팥쥐입니다. 팥쥐는 콩쥐보다 한 살 적었고 엄마를 닮아서 욕심이 많았습니다.

> V/A + -(으)ㄹ 것 같다: Expresses the speaker's conjecture about various possible outcomes for a situation or state of affairs.
> 📝 하늘이 흐린 걸 보니 비가 올 것 같아요.

최 씨와 결혼한 배 씨는 팥쥐만 예뻐하고 콩쥐는 싫어했습니다. 사실, 새어머니와 팥쥐는 아버지가 볼 때만 콩쥐에게 친절했습니다. 아버지가 안 보이면 바로 콩쥐를 힘들게 했습니다.

새어머니는 콩쥐에게만 힘들고 어려운 일을 시키고 자주 화냈습니다. 팥쥐는 콩쥐가 청소를 다 하면 다시 그곳을 흙이나 물로 더럽게 만들었습니다. 그리고 아버지가 주신 콩쥐의 예쁜 옷, 좋은 물건들을 모두 가져갔습니다.

> N + (이)나: Expresses the selection of one thing out of two or more stated choices.
> 📝 지하철이나 버스를 타고 학교에 갑니다.

어느 날 아침, 새어머니가 콩쥐와 팥쥐에게 말했습니다.
"사람은 일을 해야 돼. 일을 안 하는 사람에게는 밥을 줄 수 없어."

> V/A + -아/어야 하다(되다): Expresses the necessity of some condition or obligation to do something.
> 📝 이번 시험에 꼭 합격해야 됩니다.

> Informal/Casual Speech: This is mainly used between close friends, in senior-junior relationships, and by parents to their children. The verb ending form -아/어 is most commonly used.
> 📝 일을 해야 돼요. → 일을 해야 돼.
> 밥을 줄 수 없어요. → 밥을 줄 수 없어.

욕심이 많다 to be greedy | **사실** (in) fact | **어렵다** to be difficult | **시키다** to make someone do (something) | **화내다** to be angry, to be upset | **다시** again, once more | **흙** mud | **더럽다** to be dirty | **모두** all, every (one)

새어머니가 팥쥐에게는 쇠 호미를 주고, 콩쥐에게는 나무 호미를
주었습니다. 팥쥐는 부드러운 땅에서 풀을 뽑고 콩쥐는 돌이 많은
곳에서 일을 했습니다.

부드러운 땅에서 튼튼한 쇠 호미로 일하는 것은 아주 쉬웠습니다.
팥쥐는 일을 빨리 끝내고 해가 질 때까지 펑펑 놀았습니다.

쇠 iron | **부드럽다** to be soft | **풀을 뽑다** to pull weeds | **튼튼하다** to be sturdy | **끝내다** to finish |
해가 지다 the sun sets

하지만 돌이 많은 땅에서 일하는 콩쥐는 일을 빨리 끝낼 수 없었습니다. 나무 호미는 튼튼하지 않았고 돌은 너무 컸습니다. 그래도 콩쥐는 열심히 일했습니다.

일을 조금밖에 못했는데 호미가 뚝하고 부러졌습니다. 콩쥐는 집에 가서 새 호미를 가져오고 싶었지만 새어머니가 화를 낼 것 같았습니다. 그래서 할 수 없이 손으로 일을 했습니다.

> N + 밖에: Expresses that there are no other possible choices or that something is the only choice available.
> cf. This expression is always used together with a negative predicate.
> Ex 교실에 학생이 3명밖에 없어요.

> 할 수 없이: This expression has the meaning of "there is no other way to do (it)."
> cf. It is also used in the form 하는 수 없이.

시간이 지나 저녁이 되었습니다. 콩쥐는 손을 다쳐 피도 났습니다. 아무것도 먹지 못해서 힘이 전혀 없었습니다. 콩쥐는 몸도 힘들고, 마음도 아파서 눈물이 났습니다. 그때였습니다.

"콩쥐님, 왜 울고 있어요?"

콩쥐가 고개를 들었습니다. 큰 소가 콩쥐를 보고 있었습니다. 콩쥐는 그만 놀라서 넘어졌습니다.

"무서워하지 마세요. 저는 콩쥐님을 돕고 싶어서 왔어요."

소의 부드러운 목소리를 듣고 콩쥐가 엉엉 울며 말했습니다.

부러지다 to break, to snap (off) | 다치다 to injure, to hurt | 피가 나다 to bleed | 전혀 (not) at all |
고개를 들다 to raise one's head | 놀라다 to be surprised | 넘어지다 to fall (down)

"호미가 부러져서 새어머니가 시킨 일을 전부 끝낼 수 없어요.
일을 다 못하면 새어머니가 화내실 거예요."

콩쥐의 이야기를 듣고 소가 말했습니다.

"콩쥐님, 걱정하지 말고 강에 가서 얼굴을 씻고 오세요."

콩쥐가 소의 말을 듣고 강으로 갔습니다.

콩쥐가 얼굴을 씻는 동안 소는 콩쥐의 일을 전부 끝냈습니다.

> V + -는 동안(에): Expresses the time during
> which some action continues.
> 예 동생이 청소를 하는 동안 저는 설거지를 했습니다.

전부 all, everything

강에서 돌아온 콩쥐는 풀과 돌이 없는 깨끗한 땅을 보고 매우 기뻤습니다.

"고맙습니다. 정말 고맙습니다."

소가 말했습니다.

"콩쥐님, 배고프죠? 이 과일을 먹고 힘내세요."

소는 콩쥐에게 맛있는 과일을 많이 주고 돌아갔습니다. 콩쥐는 소가 준 과일을 가족과 같이 먹으려고 모두 집으로 가져갔습니다.

"어머니, 저 왔어요."

새어머니가 차가운 목소리로 물었습니다.

"일은 다 했어?"

"네, 어머니, 일은 다 끝냈어요. 그리고 이 과일 좀 드세요."

놀란 새어머니는 콩쥐가 거짓말하는 것 같아 직접 가서 보기로 했습니다.

> V + -기로 하다: Expresses a plan or decision to do something.
> 예 가을에 결혼하기로 했습니다.

돌아오다 to return | 힘내다 to take heart, to cheer up | 차갑다 to be cold, to be icy | 드시다 to eat (polite) | 거짓말하다 to lie | 직접 directly, by oneself

깨끗한 땅을 본 새어머니는 깜짝 놀랐습니다. 새어머니는 불같이 화내며 말했습니다.

"정말 이 많은 일을 너 혼자 다 했어? 그리고 이 과일은 어디에서 가져왔어?"

콩쥐는 새어머니에게 일을 도와준 소 이야기를 했습니다. 새어머니는 콩쥐의 말을 믿지 않았습니다.

"흥! 거짓말도 하고 어디에서 몰래 과일도 가져오고. 나쁜 아이에게는 저녁밥을 줄 수 없어."

새어머니는 이렇게 말하며 콩쥐가 가져온 과일을 콩쥐에게는 주지 않고 팥쥐하고만 먹었습니다. 콩쥐는 아무것도 먹지 못하고 방으로 들어가서 누웠습니다. 잠을 자려고 했지만 배가 고파서 잠이 오지 않았습니다.

그날처럼 밥을 먹지 못하는 날이 점점 늘었습니다. 새어머니와 팥쥐는 점점 더 콩쥐를 힘들게 만들었습니다. 아버지는 일 때문에 자주 집에 안 계십니다. 그래서 콩쥐는 아버지가 걱정하실까 봐 아무 말도 할 수 없었습니다.

> V/A + -(으)ㄹ까 봐: Expresses the speaker's worry that the situation described in the preceding clause would occur.
> ⓔ 길이 막힐까 봐 일찍 출발했습니다.

"엄마……."

콩쥐는 하늘에 계신 엄마가 보고 싶어서 눈물이 났습니다. 콩쥐는 매일 이렇게 혼자 울었습니다.

> 하늘에 계시다: Refers to the belief that a person's soul goes into the sky (heavens) after death.

몰래 secretly, quietly | 들어가다 to enter (into) | 늘다 to increase (in number)

3

마을 잔치

Track 03

어느 날 마을에 큰 잔치가 열렸습니다. 마을에 새로 오는 원님을
축하하는 잔치였습니다.

> 원님: Refers to high ranking government officials in the Goryeo and Joseon dynasties sent by the central government to rule over each province.

새어머니와 팥쥐는 좋은
옷을 입고 잔치에 갈 준비를 했습니다.

"우리 팥쥐, 오늘 정말 예쁘네! 사람들이 모두 놀라겠다."

팥쥐를 보고 새어머니가 말했습니다. 잔치에 가려고 준비하는
팥쥐를 보며 콩쥐는 부러웠습니다.

"어머니, 저도 잔치에 가고 싶어요."

"너도?"

새어머니가 물었습니다.

"네, 어머니. 저도 데려가 주세요.

> V + -(으)ㄹ게요: Expresses the speaker's intention or promise to do something in the future.
> Ex 제가 나중에 전화할게요.

잔치에 가서 어머니 말씀 잘 듣고 조용히 있을게요."

"그래. 가고 싶으면 가."

새어머니의 말을 듣고 콩쥐와 팥쥐는 깜짝 놀랐습니다. 콩쥐는
기뻤지만, 팥쥐는 기분이 나빴습니다.

잔치가 열리다 a banquet is held | **부럽다** to feel envious (of) | **데려가다** to take (someone) along |
말씀 (spoken) words, speech

"엄마, 정말 콩쥐랑 같이 가? 저렇게 더러운 옷을 입은 애랑 같이 가는 건 싫은데……."

팥쥐의 말을 듣고 콩쥐는 슬펐습니다. 새어머니는 차가운 얼굴로 계속 말했습니다.

"부엌에 있는 항아리에 물을 가득 넣고, 마당에 있는 쌀의 껍질을 모두 벗기고 빨래도 모두 한 뒤에 가면 돼."

팥쥐는 엄마의 말을 듣고 웃으며 좋아했습니다.

"그래, 그 일을 다 하면 잔치에 가도 돼."

새어머니와 팥쥐는 크게 웃으며 잔치가 열리는 곳으로 갔습니다. 새어머니가 시킨 일은 너무 많았습니다. 여러 명이 같이 해도 어려운 일이었습니다. 그래도 콩쥐는 힘을 냈습니다.

"그래, 나는 할 수 있어!"

먼저 콩쥐는 작은 그릇을 들고 가서 물을 넣었습니다. 그리고 그 물을 다시 부엌에 있는 항아리에 넣었습니다. 그렇게 열 번 정도 오고 갔습니다. 그런데 아무리 열심히 해도 항아리에는 전혀 물이 차지 않았습니다.

콩쥐가 항아리의 위쪽과 아래쪽을 모두 보니 밑 부분이 깨져 있었습니다. 사실 새어머니는 항아리가 깨진 것을 알았습니다. 처음부터 콩쥐가 잔치에 오는 것이 싫어서 이런 일을 시킨 것이었습니다.

> V + -아/어 있다: Expresses the continuation of a state after an action is completed.
> 예 학생들이 교실에 앉아 있습니다.

항아리 jar | 껍질을 벗기다 to husk, to peel (off) | 들다 to carry (in hand) | 정도 degree, amount | 차다 to fill (up) | 깨지다 to crack, to break

"아, 나는 잔치에 갈 수 없어……."

콩쥐는 항아리 앞에 앉아서 눈물을 닦았습니다. 그때 큰 두꺼비 한 마리가 콩쥐 앞에 나타났습니다.

"콩쥐님, 울지 마세요. 제가 도와드리겠습니다."

두꺼비는 항아리 아래쪽으로 갔습니다. 그리고 깨진 부분에 자신의 몸을 넣고 말했습니다.

> V + -겠-: Expresses the speaker's future intention.
> Ex 저는 오늘부터 담배를 피우지 않겠습니다.

"제가 여기에 있으면 물이 밖으로 나오지 않을 겁니다. 물을 넣어 보세요."

> V/A + -아/어 보다: Expresses the attempt to do some action.
> cf. It is used primarily when giving suggestions or advice.
> Ex 이 책을 한번 읽어 보십시오.

놀란 콩쥐가 두꺼비를 보며 말했습니다.

"하지만 다칠까 봐 걱정돼요."

두꺼비가 웃으며 말했습니다.

"제가 몸은 작지만 힘은 아주 강합니다. 어서 물을 넣어 보세요."

콩쥐는 할 수 없이 항아리에 물을 넣었습니다. 그러자 금방 물이 가득 찼습니다.

"정말 고맙습니다. 그런데 물이 차갑지 않아요?"

콩쥐가 걱정하는 목소리로 말했습니다.

"저는 괜찮으니까 걱정하지 마세요. 콩쥐님이 착해서 도와주고 싶습니다."

나타나다 to appear | 강하다 to be strong | 그러자 as soon as (something is done or occurs) |
금방 shortly, soon (after)

콩쥐는 두꺼비에게 한 번 더 인사하고 쌀 껍질을 벗기러 갔습니다.

그런데 쌀이 있는 마당에 새들이 모여 있었습니다. 콩쥐는 새가
쌀을 다 먹을까 봐 큰 소리로 말했습니다.

"훠이, 훠이!" 훠이 is an exclamatory word representing the sound made when chasing or shooing away chickens and sparrows, etc.

그리고 서둘러 쌀이 있는 곳으로 갔습니다. 그런데 쌀을 본 콩쥐는
깜짝 놀랐습니다. 새들은 쌀을 먹지 않고 껍질을 벗기고 있었습니다.

"새들이 나를 도와주러 왔는데 그것도 모르고 화를 냈네!"

"짹짹짹"

새들이 콩쥐 머리 위를 날았습니다. 콩쥐는 껍질이 깨끗하게
벗겨진 쌀을 그릇에 담았습니다. 그리고 나무 위에 앉아 있는
새들에게 인사했습니다.

"정말 고맙습니다."

그때였습니다.

"콩쥐."

누가 콩쥐를 불렀습니다. 콩쥐가 뒤를 보니 아름다운 여자가 서
있었습니다.

"누, 누구십니까?"

콩쥐가 놀라서 물었습니다.

모이다 to gather | 날다 to fly | 담다 to put something in | 아름답다 to be beautiful

여자는 콩쥐를 보고 웃으면서 말했습니다.

"저는 선녀입니다. 착한 콩쥐를 도와주러 하늘에서 왔습니다."

"아! 선녀님!"

콩쥐는 자신을 도와주러 온 선녀님을 보고 거짓말처럼 마음이
놓였습니다. 그래서 눈물이 났습니다. 선녀님이
말했습니다.

"착한 콩쥐, 울지 마세요. 빨래는 다 해
놓았으니까 어서 잔치에 가세요."

그리고 선녀님은 콩쥐에게 예쁜 옷과 꽃신을 주었습니다.

"이 옷을 입고, 이 꽃신을 신고 가세요.
제가 주는 선물입니다."

선녀는 선물을 주면서 콩쥐를 꼭 안아
주었습니다. 콩쥐는 기분이
좋았습니다. 돌아가신
어머니 생각도 났습니다.

"지금처럼 착하게 사세요."

선녀님은 콩쥐에게 이렇게 말한 뒤, 구름을 타고 하늘로
올라갔습니다. 콩쥐는 하늘을 바라보며 말했습니다.

"선녀님! 고맙습니다! 꼭 그렇게 하겠습니다!"

그리고 선녀님이 준 옷을 입고 꽃신을 신었습니다. 콩쥐는
봄꽃처럼 아름다웠습니다. 새어머니와 팥쥐가 온 뒤, 콩쥐는 하루도
쉬지 못하고 일만 했습니다.

> Primarily used in the form of 거짓말처럼 or 거짓말같이, this expression indicates that some situation or appearance has greatly changed from its previous state.

> TIP! 꽃신(flower shoes) were beautifully decorated with floral patterns or various colors and primarily worn by young women.

> V/A + -(으)면서: Expresses that two or more actions or situations are occurring simultaneously.
> 예 운전하면서 전화를 하면 안 돼요.

> 봄꽃: This expression is comparing Kongjwi's pretty and colorful appearance to spring flowers.

선녀 fairy | 마음이 놓이다 to feel at ease, to be relieved | 선물 gift, present | 구름 cloud

팥쥐는 늘 새 옷을 입었지만 콩쥐는 오래된 옷만 입었습니다. 그래서 콩쥐는 이렇게 예쁜 옷을 입고 잔치에 가는 것이 꿈만 같았습니다.

　콩쥐는 노래를 부르면서 잔치가 열리는 곳으로 갔습니다. 강을 건너고, 큰길을 걸으니 음악 소리가 들렸습니다. 콩쥐는 기뻐하며 음악 소리를 따라갔습니다.

　그곳에는 마을 사람들이 모여 잔치를 하고 있었습니다. 사람들은 즐겁게 웃으며 이야기하거나 맛있는 음식을 먹고 있었습니다. 음악을 들으면서 노래를 부르는 사람도 있고 춤을 추는 사람도 있었습니다. 모두 행복한 얼굴이었습니다.

> V + -(으)니: Expresses that the situation or action described in the following clause happens as a result of the action in the preceding clause.
> (Syn.) -(으)니까
> (Ex) 아침에 일어나니 10시였습니다.

> V/A + -거나: Expresses the selection of one course of action or state of affairs out of two or more choices.
> (Ex) 주말에는 친구를 만나거나 집에서 쉽니다.

오래되다 to be old ｜ 따라가다 to follow

콩쥐가 그곳에 들어가니 사람들이 모두 콩쥐를 바라봤습니다.

"어머, 정말 선녀 같은 분이네요!"

콩쥐의 모습을 보고 사람들이 말했습니다. 콩쥐는 음식을 먹고 있는 새어머니와 팥쥐에게 갔습니다.

"어머니, 저 왔어요."

새어머니와 팥쥐는 콩쥐를 알아보지 못했습니다. 새어머니가 물었습니다.

"누, 누구세요?"

"어머니, 저 콩쥐예요."

콩쥐의 말을 듣고 새어머니와 팥쥐는 깜짝 놀랐습니다.

"어떻게 여기에 왔어? 집안일은 다 했어?"

"네, 다 했어요."

콩쥐의 대답을 듣고 팥쥐가 말했습니다.

"엄마, 거짓말이에요. 혼자 어떻게 그 일들을 다 해요. 그리고 저 옷이랑 신발 좀 보세요. 또 다른 사람의 물건을 가져왔을 거예요."

콩쥐는 두꺼비와 새, 선녀님이 도와준 이야기를 했습니다. 하지만 이번에도 새어머니는 콩쥐의 말을 믿지 않았습니다. 새어머니가 말했습니다.

"거짓말하지 말고 어서 집으로 가. 그 옷과 신발은 팥쥐 방에 놓고 집안일이나 해."

> N + (이)나: Expresses the selection of an inferior choice when better options are not possible.
> 예 할 일 없으면 TV나 보세요.

어머 wow, oh (exclamation) | 알아보다 to recognize, to identify

콩쥐는 집으로 돌아가고 싶지 않았습니다.

"어머니, 부탁이에요. 오늘은 맛있는 음식도 먹고 싶고 구경도 하고 싶어요. 잔치가 끝나고 집에 가면 옷과 신발은 다 팥쥐에게 줄게요. 집안일도 더 열심히 할게요."

하지만 새어머니는 무서운 얼굴로 말했습니다.

"오늘 너의 행동을 아버지한테 모두 다 말할 거야!"

새어머니의 말을 듣고 콩쥐는 집으로 돌아갈 수밖에 없었습니다. 아버지께서 걱정하실 일은 하고 싶지 않았기 때문입니다.

> V/A + -(으)ㄹ 수밖에 없다: Expresses that there is no alternative way other than the current one.
> 예 너무 바빠서 그 일을 거절할 수밖에 없었습니다.

집으로 가는 길에 콩쥐는 잠깐 강 위에 있는 다리에 앉아서 쉬었습니다. 그때였습니다. 갑자기 악기 소리와 시끄럽게 떠드는 소리가 났습니다. 콩쥐는 그 소리를 듣고 놀라서 뒤를 봤습니다. 많은 사람들이 다리를 건너기 위해 가까이 오고 있었습니다. 원님이 탄 가마도 있었습니다.

콩쥐는 서둘러 다리를 건넜습니다. 그런데 그만 꽃신 한 짝이 발에서 떨어졌습니다.

"아, 내 꽃신!"

꽃신은 강물과 함께 아래로 흐르면서 멀리 가고 있었습니다. 사람들은 점점 더 가까이 왔습니다. 콩쥐는 할 수 없이 꽃신을 찾는 것을 그만두고 집으로 돌아갔습니다.

갑자기 suddenly | 악기 musical instrument | 시끄럽다 to be noisy | 짝 one part of a pair | 흐르다 to flow | 멀리 far (away) | 가깝다 to be near | 그만두다 to quit, to give up

4

원님의 아내

Track 04

원님은 가마 안에서 강물에 흐르는 신발 한 짝을 봤습니다. 원님이 말했습니다.

"저 신발을 가져오십시오."

하인이 신발을 가져왔는데 그것은 아름다운 꽃신이었습니다. 원님은 꽃신의 주인이 궁금했습니다.

> 하인: Refers to a person who works as a servant for a family or home.

그래서 관리들에게 말했습니다.

"이 꽃신의 주인을 찾아오십시오."

> 관리: Refers to people who work for the country, and here it refers to those who work for the village magistrate.

다음 날 관리들은 마을로 가서 꽃신의 주인을 찾았습니다.

"원님께서 이 꽃신의 주인을 찾으십니다!"

마을의 여자들은 이 말을 듣고 말했습니다.

"제가 꽃신의 주인입니다."

"아니에요. 제가 어제 이 꽃신을 시장에서 샀습니다."

꽃신을 든 관리가 말했습니다.

주인 owner | 궁금하다 to be curious | 찾아오다 to pick up (and bring back)

"그럼, 이 꽃신을 한번 신어 보십시오."

마을의 여자들이 꽃신을 신어 봤습니다. 하지만 꽃신이 맞는 사람은 없었습니다.

"집으로 직접 가서 찾아봅시다."

관리들은 꽃신의 주인을 찾으려고 집마다 방문했습니다. 늦은 오후가 되었을 때 관리들이 콩쥐의 집에 왔습니다.

"이 집에 꽃신을 잃어버린 사람이 있습니까?"

사실 새어머니는 콩쥐가 꽃신의 주인인 것을 알고 있었습니다. 그 꽃신은 잔치하는 날 콩쥐가 신은 것과 똑같았기 때문입니다. 그리고 마을 사람들의 이야기를 듣고 원님이 꽃신의 주인을 찾는 것도 알고 있었습니다.

그러나 새어머니는 콩쥐와 원님이 만나는 것이 싫었습니다. 콩쥐가 원님에게 그동안 자신이 한 나쁜 행동들을 이야기할까 봐 걱정되었기 때문입니다. 새어머니가 말했습니다.

"그건 제 신발입니다. 제가 어제 잃어버렸습니다."

관리는 새어머니의 발을 봤습니다. 새어머니의 발은 너무 커서 맞지 않을 것 같았습니다. 그렇지만 관리는 새어머니에게 꽃신을 주며 말했습니다.

한번 once, one time | 마다 every, each | 방문하다 to visit | 똑같다 to be the same | 그렇지만 but, however

"그럼 한번 신어 보십시오."

새어머니는 꽃신에 발을 넣었습니다. 꽃신은 새어머니에게 너무 작았습니다. 그러나 새어머니는 열심히 꽃신에 발을 넣었습니다. 관리가 꽃신을 다시 가져가며 말했습니다.

"안 맞네요. 이건 당신이 잃어버린 신발이 아닙니다."

그때 팥쥐가 말했습니다.

"제가 신어 볼게요."

하지만 팥쥐의 발에도 꽃신이 들어가지 않았습니다. 팥쥐가 짜증을 내며 말했습니다.

"에잇! 이건 사람 신발이 아니에요. 누가 이렇게 작은 신발을 신을 수 있겠어요?"

팥쥐는 꽃신을 멀리 던졌습니다. 신발은 부엌 안으로 들어갔습니다. 관리는 팥쥐를 무섭게 쳐다봤습니다. 그리고 꽃신을 찾으러 부엌으로 갔습니다. 그곳에서는 콩쥐가 저녁 준비를 하고 있었습니다.

"이 집에 사십니까?"

관리가 물었습니다.

"네."

콩쥐가 작은 목소리로 대답했습니다.

"그럼, 이 꽃신을 한번 신어 보십시오."

그때 새어머니가 말했습니다.

짜증을 내다 to be irritated | 던지다 to throw | 쳐다보다 to stare (at)

"저 아이는 신발 주인이 아닙니다. 우리 집에는 신발 주인이 없으니까 그냥 가십시오."

관리가 새어머니에게 말했습니다.

"마을의 여자들은 모두 이 꽃신을 신어 볼 수 있습니다. 그것이 원님의 말씀입니다. 그러니 조용히 하십시오."

그리고 콩쥐에게 꽃신을 주었습니다. 콩쥐가 조심해서 꽃신을 신어 보니 발에 꼭 맞았습니다. 관리가 콩쥐에게 물었습니다.

"이 꽃신의 주인이 맞습니까?"

콩쥐가 대답했습니다.

"네."

그리고 치마 주머니에서 꽃신의 다른 한 짝을 꺼내 신었습니다.

"아! 드디어 찾았습니다! 원님이 찾으시니 우리와 함께 갑시다."

조심하다 to be careful | 꼭 맞다 to fit perfectly | 주머니 pocket | 꺼내다 to take out (of) | 드디어 finally, at last

관리들은 콩쥐를 원님이 있는 곳으로 데려갔습니다. 원님은
콩쥐를 기다리고 있었습니다. 원님이 콩쥐에게 말했습니다.

"저는 이 아름다운 꽃신 이야기를 듣고 싶습니다."

콩쥐는 원님에게 선녀님이 도와준 이야기를 했습니다. 그리고 소,
두꺼비, 새 이야기도 했습니다. 새어머니와 팥쥐가 한 나쁜 행동들을
말하고 싶지 않았지만 원님 앞에서 사실을 이야기할 수밖에
없었습니다.

원님은 새어머니와 팥쥐가 한 일들을 듣고 매우 화를 냈습니다.
하지만 콩쥐가 이렇게 부탁했습니다.

"새어머니와 팥쥐는 제 가족입니다. 너무 화내지 마십시오."

원님은 생각했습니다.

'정말 하늘이 도울 정도로 착한 사람이네.'

원님은 콩쥐와 결혼하면 행복할 것 같았습니다. 콩쥐 역시
친절하고 똑똑한 원님이 좋았습니다.

다음 날, 원님은 콩쥐의 아버지께 결혼 이야기를 하러 콩쥐의
집으로 갔습니다. 콩쥐의 아버지는 엄마 없이 외롭게 자란 콩쥐가
좋은 사람과 결혼하는 것이 기뻤습니다.

역시 also, too | 외롭다 to be lonely

원님과 콩쥐의 아버지는 많은 이야기를 했습니다. 새어머니는
문 밖에서 두 사람의 대화를 듣고 있었습니다. 그러다가 참지 못하고
방으로 들어가서 말했습니다.

"원님, 콩쥐는 게으르고 집안일도 못합니다. 착하고 부지런한
팥쥐와 결혼하는 것이 어떻습니까?"

원님은 새어머니의 말을 듣고 화가 났지만 꾹 참고 말했습니다.

"아버지께서 결혼을 축하해 주셨으니 어머니도 축하해 주십시오."

새어머니는 콩쥐와 원님의 결혼이 싫었지만 다른 방법이
없었습니다.

며칠이 지났습니다. 원님과 콩쥐는 결혼을 했습니다.

"착한 콩쥐에게 좋은 일입니다."

"두 사람이 정말 잘 어울립니다."

마을 사람들은 원님과 콩쥐의 결혼을 축하해 주었습니다. 하지만
원님과 콩쥐의 결혼식을 보는 새어머니와 팥쥐의 표정은 좋지
않았습니다.

'원님의 아내는 콩쥐가 아니라 내가 되는 것이 맞아!'

팥쥐는 원님과 결혼하는 콩쥐를 보고 참을 수가 없었습니다.
팥쥐는 무서운 얼굴로 콩쥐를 보며 조용히 말했습니다.

"콩쥐, 네가 행복하게 살 수 있을 것 같아?"

참다 to restrain (oneself), to endure | 게으르다 to be lazy | 꾹 patiently | 어울리다 to match, to look
good (together) | 맞다 to be right, to be correct

5

팥쥐의 비밀

콩쥐와 결혼한 원님은 행복했습니다. 콩쥐도 행복해서 항상
웃었습니다.

> 한양: The old name for 서울.

그런데 원님은 일 때문에 자주 한양에 갔습니다. 그래서 콩쥐는
혼자 시간을 보내는 날이 많았습니다. 원님이 한양에 가면,
콩쥐는 주로 뒷마당에서 꽃을 심거나 연못 주변을 산책했습니다.
그리고 가족과 마을이 편안하기를 늘 바랐습니다.
매일매일이 꿈같은 날이었습니다.

> While the expression 꿈같다 is used here to mean "something is satisfying" and that the subject is "pleased and happy," it is also used to mean "time is empty and fleeting."

그러던 7월의 어느 날,
누군가 콩쥐를 찾아왔습니다.
그날도 원님은 한양에 가고 없었습니다. 콩쥐를 찾아온 사람은
누구였을까요? 바로 팥쥐였습니다. 콩쥐는 팥쥐가 갑자기 찾아와서
놀랐지만 반갑게 인사했습니다.

비밀 secret | 항상 always | 시간을 보내다 to spend time | 뒷마당 backyard | 심다 to plant |
산책하다 to take a walk | 편안하다 to be peaceful | 바라다 to hope, to wish (for) | 반갑다 to be glad, to be happy

"어서 와. 오랜만에 보니 정말 반가워."

"저도 오랜만에 언니를 보니 좋아요. 그동안 보고 싶었어요."

팥쥐가 콩쥐에게 언니라고 한 것은 처음이었습니다. 콩쥐는 팥쥐를 손님방으로 안내하고 맛있는 음식을 주었습니다. 그런데 팥쥐는 음식을 먹지 않고 눈물을 흘렸습니다.

"왜 울어? 무슨 일이 있어?"

콩쥐가 걱정하니까 팥쥐가 말했습니다.

"언니, 그동안 언니를 힘들게 해서 정말 미안해요. 언니 없이 혼자 지내니 언니가 너무 그립고 외로워요. 그동안 제가 왜 그런 행동을 했는지 모르겠어요."

팥쥐의 말을 듣고 콩쥐가 말했습니다.

"지난 일은 잊고 우리 앞으로 잘 지내자."

"언니, 고마워요."

"그만 울고 이 음식 좀 먹어 봐."

> 안 먹어도 배가 부르다: The expression means that the person feels fine and satisfied to the extent that they feel full even without eating.

"언니를 보니까 안 먹어도 배가 불러요. 그런데 언니, 원님은 어디에 계세요?"

"한양에 가셨어. 오늘 저녁쯤에 오실 것 같아."

"원님이 바쁘셔서 언니도 나처럼 외로울 것 같아요."

"아니야. 뒷마당에 꽃도 심고, 연못 주변도 산책하며 보내고 있어."

손님방 guest room | 안내하다 to lead (into), to guide | 잊다 to forget | 배가 부르다 for one's stomach to be full

'연못?'

팥쥐는 좋은 생각이 난 것처럼 웃었습니다. 그리고 콩쥐에게 말했습니다.

"언니, 여기 연못이 있어요? 저도 연못에 가 보고 싶어요."

콩쥐는 팥쥐와 좋은 시간을 보낼 수 있을 것 같아서 기뻤습니다. 팥쥐와 콩쥐는 손을 잡고 뒷마당을 걸었습니다. 연못에 왔을 때 팥쥐가 말했습니다.

"언니, 여기 경치가 좋아요. 우리 여기에 앉아서 이야기도 하고 간식도 먹어요."

"그러자."

콩쥐와 팥쥐는 연못 옆에 앉았습니다.

"언니랑 이렇게 시간을 보내니까 정말 좋아요."

"나도 정말 좋아. 새어머니도 좋아하시지 않을까?"

"네, 어머니께 말씀 드릴게요."

팥쥐가 대답했습니다. 그리고 하늘을 보면서 다시 말했습니다.

"언니! 하늘 좀 봐요. 오늘 하늘이 참 예뻐요."

콩쥐도 하늘을 봤습니다. 파란 하늘에 하얀 구름이 있었습니다. 팥쥐가 계속 하늘을 보면서 말했습니다.

"그런데 저 구름은 뭘 닮았는데……. 언니, 저 구름이 뭘 닮은 것 같아요?"

> 뭘: Shortened form of 무엇을.

손을 잡다 to hold hands (with someone) | **경치** scenery | **간식** snack

콩쥐도 하늘을 보며 말했습니다.

"무슨 구름?"

"저 구름, 일어나면 볼 수 있을 것 같은데……."

콩쥐는 팥쥐가 말하는 구름을 찾으려고 자리에서 일어났습니다. 콩쥐가 계속 하늘을 보며 말했습니다.

"어떤 구름? 나는 안……."

그때였습니다. 갑자기 팥쥐가 콩쥐를 연못으로 밀었습니다.

"악!"

콩쥐는 그만 연못에 빠져 나오지 못했습니다. 팥쥐는 콩쥐가 물 밖으로 나오지 않는 것을 보고 서둘러 콩쥐의 방으로 갔습니다. 팥쥐는 콩쥐의 옷으로 갈아입으면서 말했습니다.

"흥! 원님의 아내는 네가 아니라 바로 나야!"

그때였습니다. 원님이 한양에서 돌아왔습니다. 팥쥐는 아무 일이 없는 것처럼 원님에게 갔습니다. 그리고 콩쥐처럼 행동하고 말했습니다.

"많이 피곤하지 않으세요? 오늘은 일찍 쉬십시오."

> Using the negative form –지 않–? when asking a question is a way to more gently confirm the other person's feelings or thoughts.

밀다 to push | 연못에 빠지다 to fall into a pond | 갈아입다 to change (clothes)

그런데 원님은 콩쥐의 얼굴을 보고 깜짝 놀랐습니다. 평소 콩쥐 얼굴과 아주 달랐기 때문입니다.

"당신, 얼굴이 아주 이상합니다. 얼굴색도 까맣고, 얼굴에 상처도 많고⋯⋯."

팥쥐가 말했습니다.

"뒷마당에서 꽃을 심을 때 햇빛 때문에 얼굴이 탔어요. 그리고 방으로 들어올 때 넘어져서 얼굴에 상처가 생겼어요."

원님은 팥쥐의 거짓말을 믿었습니다.

평소 ordinary, usual | 까맣다 to be black | 상처 injury, wound | 햇빛 sun, sunlight |
얼굴이 타다 to (sun)burn one's face

6

선물

Track 06

　그렇게 며칠이 지났습니다. 원님은 콩쥐가 많이 변한 것
같았습니다. 얼굴만 변한 것이 아니고 성격도 많이 달랐습니다.
짜증이 늘고, 집안일 하는 사람들에게 자주 화냈습니다.

　그래도 원님은 콩쥐를 사랑했습니다. 원님은 아내가 콩쥐가
아니라 팥쥐인 것도 전혀 몰랐습니다. 그것은 생각도 할 수 없는
일이었기 때문입니다.

　'콩쥐가 변한 얼굴
때문에 마음이 불편한 것 같은데…….'

> V/A + –기 때문–: Indicates the reason or cause for something, and is mainly used in the forms –기 때문에 and –기 때문이다.
> 📢 여기 도서관이 조용하기 때문에 자주 와요.

　원님은 이렇게 생각하고 콩쥐의 마음을 풀어 주려고 노력했습니다.

　어느 날 원님은 혼자 뒷마당을 산책했습니다. 그리고 연못 위에
크고 아름다운 연꽃이 피어 있는 것을
봤습니다.

> TIP! In Buddhism, it is said that a lotus flower bloomed in order to announce the birth of the Buddha. The lotus flower is a symbol of Buddhism and also a symbol of rebirth and resurrection.

　"아, 이 아름다운 꽃을 집안에 놓고
자주 보고 싶다……."

> V/A + –ㄴ/는다: Describes the current state of affairs or indicates the speaker's feeling or surprise as self-talk.
> 📢 어제 잠을 못 자서 머리가 아프다.

변하다 to change　|　**불편하다** to be uncomfortable　|　**마음을 풀다** to ease one's mind　|　**연꽃** lotus
flower

원님의 말을 들은 하인이 그 연꽃을 원님 방문 위에 걸었습니다. 연꽃은 연못에 있을 때보다 집 안에서 더 예쁘게 피었습니다. 원님은 그 근처를 지나갈 때마다 좋은 냄새가 나서 기분이 좋았습니다. 그런데 팥쥐가 지나갈 때에는 팥쥐의 머리와 얼굴에 상처가 났습니다.

TIP! 아궁이(furnace) is a hole in the kitchen of traditional Korean houses. Fires were made in the 아궁이 to prepare food and also heat the room.

"아야! 누가 여기에 꽃을 걸었어?"

화가 난 팥쥐는 꽃을 부엌에 있는 아궁이 속에 던졌습니다. 그날 저녁 부엌일을 하는 할머니가 아궁이에서 예쁜 구슬을 찾았습니다. 연꽃이 불에 타서 구슬로 변한 것이었습니다.

"누가 이렇게 예쁜 구슬을 불에 넣었지?"

할머니는 이상하게 생각하면서 구슬을 방으로 가져갔습니다.

그리고 수건으로 깨끗하게 닦았습니다. 그런데 갑자기 구슬에서 어떤 목소리가 들려왔습니다. 할머니는 무서워서 두 손을 모으고 말했습니다.

수건 towel | 모으다 to gather (up)

"아이고 살려 주십시오. 저는 그냥 누가 버린 것 같아서 가져왔습니다."

"할머니, 고개를 들어 보세요."

목소리를 듣고 할머니는 고개를 들었습니다. 눈앞에 있는 것은 콩쥐였습니다.

콩쥐는 울면서 할머니에게 그동안의 일을 이야기했습니다. 그리고 이렇게 말했습니다.

"할머니, 원님을 만나고 싶어요."

"그럼요. 제가 도와드리겠습니다."

할머니는 콩쥐가 너무 불쌍해서 돕고 싶었습니다. 할머니는 원님에게 뛰어가서 말했습니다.

"원님, 제 방에 원님을 기다리는 사람이 있습니다. 그 사람에게 나쁜 일이 생겼는데 원님께서 한번 만나 주시겠습니까?"

"그럼요. 만나 보겠습니다."

원님은 할머니 방으로 갔습니다. 할머니 방으로 들어간 원님은 그곳에 있는 콩쥐를 보고 매우 놀랐습니다. 콩쥐의 얼굴이 처음 만났을 때와 같았습니다.

"왜 여기에 있습니까? 그리고 어떻게 얼굴이 다시 처음처럼 변했습니까?"

"서방님, 지금 서방님과 살고 있는 콩쥐는 콩쥐가 아니에요. 바로 팥쥐입니다."

콩쥐는 원님에게 팥쥐가 자신을 죽인 이야기를 하고 다시 구슬 속으로 들어갔습니다.

> 죽이다: Causative form of 죽다.
> Ex 나무를 죽이면 안 됩니다.

버리다 to throw (away) | **서방님** (one's) husband

원님은 콩쥐가 죽은 것이 슬프고 믿기 힘들었습니다. 그리고 콩쥐를 죽이고 거짓말을 한 팥쥐에게 너무 화가 났습니다. 하지만 슬퍼하거나 화만 낼 수는 없었습니다. 원님은 사람들과 함께 콩쥐를 찾으러 연못으로 갔습니다. 사람들은 곧 연못에서 콩쥐의 몸을 찾아서 땅에 놓았습니다. 그곳에 있는 사람들은 너무 슬퍼서 아무 말도 하지 못했습니다. 원님은 죽은 콩쥐의 손 위에 구슬을 놓고 울며 말했습니다.

"당신은 연꽃으로도 변하고, 구슬로도 변해서 자신이 죽은 것을 알리려고 했는데, 나는 바보처럼 아내가 바뀐 것도 몰랐습니다. 미안합니다."

알리다 to inform

그때였습니다.

"서방님."

원님은 자신을 부르는 소리를 듣고 고개를 들었습니다. 콩쥐가 눈을 뜨고 원님을 바라보고 있습니다.

"아, 아니! 어떻게 이런 일이!"

콩쥐는 다시 살아났습니다. 원님이 콩쥐를 안으며 말했습니다.

"고맙습니다! 고맙습니다! 다시 눈을 뜨고, 다시 말을 해 줘서 고맙습니다!"

원님의 행복한 모습을 보고 사람들도 눈물을 흘렸습니다. 이 일을 들은 마을 사람들도 모두 함께 기뻐했습니다.

"착한 콩쥐에게 하늘이 선물을 준 것입니다."

원님은 팥쥐를 잡아서 춥고 어두운 지하 방에 넣었습니다. 그리고 새어머니는 마을 밖으로 보내서 다시는 돌아오지 못하게 했습니다.

이후 콩쥐와 원님은 마을 사람들의 사랑을 받으며 행복하게 잘 살았습니다. 콩쥐와 팥쥐를 보면서 사람들은 이렇게 말했습니다.

"역시 착한 사람에게는 좋은 일이 생기고, 나쁜 사람에게는 나쁜 일이 생깁니다."

눈을 뜨다 to open one's eyes | 살아나다 to come back to life, to revive | 잡다 to capture, to catch | 지하 basement, underground | 보내다 to send (away)

부록
Appendix

1

1 빈칸에 알맞은 단어를 넣어 문장을 완성하세요.

Put the correct word in each blank to complete the sentences.

세상	시간	닮다	짓다	행복하다

(1) 최 씨는 잘 자란 콩쥐를 보면 (   )았/었습니다.

(2) "우리 콩쥐, 엄마를 (   )아/어서 아주 예쁘네."

(3) (   )이/가 지나서 콩쥐가 열 살이 되었습니다.

(4) 남편은 아내가 (   )(으)ㄴ 딸의 이름이 마음에 들었습니다.

(5) 아내는 콩쥐를 낳은 지 백 일 만에 (   )을/를 떠났습니다.

2 아래의 단어와 '-(으)ㄴ/는데'를 사용해서 배경이나 상황을 설명하는 문장을 완성하세요.

Choose the best word for each blank and then add -(으)ㄴ/는데 to create a complete sentence describing the background situation or circumstances.

가다	사다	읽다	좋다	바쁘다

(1) 날씨가 (   ) 공원에 갈래요?

(2) 오늘은 (   ) 내일 만날까요?

(3) 어제 신발을 (   ) 마음에 안 들어요.

(4) 요즘 이 책을 (   ) 정말 재미있습니다.

(5) 주말에 시장에 (   ) 사람이 아주 많았습니다.

3 이야기의 내용과 맞으면 'O', 틀리면 '×' 표시하세요.
Mark O if the statement is true, and mark × if it is false.

(1) 부부는 아이를 갖고 싶어서 부처님께 부탁했습니다.　　　(　　)

(2) 남편이 아이의 이름을 지었습니다.　　　(　　)

(3) 아내는 혼자 아이를 키웠습니다.　　　(　　)

(4) 콩쥐는 부지런하고 착했습니다.　　　(　　)

4 누가 한 말입니까? 알맞게 연결하세요.
Who said each statement? Connect each character to what they said.

(1) 최만춘 •

• ① "여보, 우리 절에 가서 부처님께 부탁해 봅시다."

(2) 최만춘의 아내 •

• ② "이 아이를 예쁘고 착한 아이로 키워요."

5 부부는 부처님께 무엇을 부탁했습니까?
What did the couple request of the Buddha?

_____

6 부부의 행복이 오래 가지 못한 이유는 무엇입니까?
What was the reason why the couple's happiness was short-lived?

_____

<u>2</u>

1 그림을 보고 알맞은 단어를 쓰세요.

Look at the picture and write the correct words.

(1)

(2)

(3)

(5)

(4)

2 빈칸에 알맞은 단어를 넣어 문장을 완성하세요.

Put the correct word in each blank to complete the sentences.

나다	부러지다	부드럽다	싫어하다	튼튼하다

(1) 콩쥐는 엄마가 보고 싶어서 눈물이 (   )았/었습니다.

(2) 새어머니는 팥쥐만 예뻐하고 콩쥐는 (   )았/었습니다.

(3) 호미가 (   )아/어서 새어머니가 시킨 일을 전부 끝낼 수 없어요.

(4) 팥쥐는 (   )(으)ㄴ 땅에서 (   )(으)ㄴ 쇠 호미로 일했습니다.

3 다음 중 관계가 나머지와 다른 것은 무엇입니까?

Which of the following word pairs has a different relationship than the other word pairs?

① 많다 – 적다

② 좋다 – 나쁘다

③ 더럽다 – 깨끗하다

④ 착하다 – 친절하다

4 글의 내용과 같은 것은 무엇입니까?

Choose the answer that matches the content of the story.

① 콩쥐와 팥쥐는 사이가 좋았습니다.

② 팥쥐는 콩쥐보다 한 살이 많았습니다.

③ 팥쥐는 나무 호미로 풀을 뽑았습니다.

④ 콩쥐가 힘들 때 소가 도와주었습니다.

5 콩쥐가 다음과 같이 말한 이유는 무엇입니까?

Why did Kongjwi say the following?

아버지, 저는 결혼하고 싶지 않아요. 이렇게 아버지와 함께 사는 것이 좋습니다.

_____

_____

_____

_____

6 왜 콩쥐는 소가 준 과일을 하나도 먹지 않고 집으로 가져갔습니까?

Why did Kongjwi not eat a single fruit that the cow gave her, and instead take it all home?

_____

_____

3

1 빈칸에 알맞은 단어를 넣어 문장을 완성하세요.

Put the correct word in each blank to complete the sentences.

쌀	다리	그만두다	나타나다	오래되다

(1) 큰 두꺼비 한 마리가 콩쥐 앞에 ( )았/었습니다.

(2) 콩쥐는 꽃신 찾는 것을 ( )고 집으로 갔습니다.

(3) ( )이/가 있는 마당에 새들이 모여 있었습니다.

(4) 콩쥐는 잠깐 강 위에 있는 ( )에 앉아서 쉬었습니다.

(5) 팥쥐는 늘 새 옷을 입었지만 콩쥐는 ( )(으)ㄴ 옷만 입었습니다.

2 아래의 단어와 '-거나'를 사용해서 둘 중 하나를 선택함을 나타내는 문장을 완성하세요.

Choose the best word for each blank and then add -거나 to create a sentence expressing a choice among two options.

많다	읽다	하다	슬프다

(1) 짐이 ( ) 바쁠 때 택시를 타세요.

(2) 심심하면 책을 ( ) 영화를 보세요.

(3) 저는 ( ) 외로울 때 노래를 부릅니다.

(4) 이번 주말에 운동을 ( ) 친구를 만날 거예요.

3 어울리는 것끼리 연결하여 문장을 완성하세요.

Connect the phrases that go together to create complete sentences.

(1) 아무리 열심히 해도　　　　•　　　　• ① 어서 잔치에 가세요.

(2) 빨래는 다 해 놓았으니까　•　　　　• ② 멀리 가고 있었습니다.

(3) 꽃신은 강물과 함께 아래로　•　　　　• ③ 항아리에 물이 차지 않았습니다.
　　흐르면서

(4) 잔치가 끝나고 집에 가면　•　　　　• ④ 옷이랑 신발은 다 팥쥐에게 줄게요.

4 글의 내용과 다른 것은 무엇입니까?

Choose the answer that does not match the content of the story.

① 선녀는 콩쥐에게 선물을 주었습니다.

② 콩쥐는 마을 잔치에 가지 못했습니다.

③ 두꺼비와 새, 선녀가 콩쥐를 도와주었습니다.

④ 새어머니는 콩쥐에게 힘든 집안일을 시켰습니다.

5 새어머니가 콩쥐에게 시킨 일 세 가지는 무엇입니까? 그리고 그 일들을 누가 도와주었습니까?

What were the three things that the stepmother made Kongjwi do? And who helped her do each of those things?

어떤 일을 시켰습니까?	누가 도와주었습니까?
(1)	
(2)	
(3)	

6 선녀님이 콩쥐에게 준 선물 두 가지는 무엇입니까? 그리고 콩쥐가 잃어버린 것은 무엇입니까?

What were the two gifts the fairy gave to Kongjwi? And what was the thing that Kongjwi lost?

(1) 선녀님이 준 선물: _____, _____

(2) 콩쥐가 잃어버린 것: _____

4

1 그림을 보고 알맞은 단어를 쓰세요.

Look at the picture and write the correct words.

2 빈칸에 알맞은 단어를 넣어 문장을 완성하세요.

Put the correct word in each blank to complete the sentences.

결혼	주인	주머니	맞다	방문하다

(1) 콩쥐는 ( )에서 꽃신의 다른 한 짝을 꺼내 신었습니다.

(2) 관리들은 꽃신의 ( )을/를 찾으려고 집마다 ( )았/었습니다.

(3) 마을 사람들은 원님과 콩쥐의 ( )을/를 축하해 주었습니다.

(4) 마을의 여자들이 꽃신을 신어 봤지만 꽃신이 ( )는 사람은 없었습니다.

3 새어머니는 왜 콩쥐가 원님과 만나는 것이 싫었습니까?

Why did the stepmother dislike the idea of Kongjwi meeting the village magistrate?

_____

4 콩쥐가 생각하는 원님은 어떤 사람입니까? 알맞은 것 두 가지를 고르세요.

What did Kongjwi think of the village magistrate? Choose TWO correct answers.

① 착하다   ② 똑똑하다   ③ 친절하다   ④ 부지런하다

5 콩쥐가 원님과 결혼할 때 새어머니와 팥쥐의 심정으로 알맞은 것 두 가지를 고르세요.

Choose TWO expressions that correctly describe how the stepmother and Patjwi felt about Kongjwi and the village magistrate's marriage.

① 외롭다   ② 기쁘다   ③ 화가 나다   ④ 짜증이 나다

6 콩쥐와 원님이 결혼할 때 마을 사람들의 말로 알맞은 것에 ✔하세요.

Put a check mark V next to the phrase spoken by the villagers when Kongjwi and the village magistrate got married.

☐ "착한 콩쥐에게 좋은 일입니다."

☐ "두 사람이 정말 잘 어울립니다."

☐ "콩쥐, 네가 행복하게 살 수 있을 것 같아?"

☐ "착하고 부지런한 팥쥐와 결혼하는 것이 어떻습니까?"

☐ "아버지께서 결혼을 축하해 주셨으니 어머니도 축하해 주십시오."

7 이야기의 내용과 맞으면 'O', 틀리면 'X' 표시하세요.

Mark O if the statement is true, and mark × if it is false.

(1) 원님은 직접 집마다 방문해서 꽃신의 주인을 찾았습니다.　　　(　　)

(2) 새어머니는 꽃신의 주인이 누구인지 몰랐습니다.　　　(　　)

(3) 새어머니와 팥쥐에게는 꽃신이 맞지 않았습니다.　　　(　　)

(4) 원님은 꽃신의 주인과 결혼했습니다.　　　(　　)

5

1 빈칸에 알맞은 단어를 넣어 문장을 완성하세요.

Put the correct word in each blank to complete the sentences.

걷다	잡다	놀라다	바라다	안내하다

(1) 콩쥐는 팥쥐가 갑자기 찾아와서 (　　　　　)았/었습니다.

(2) 콩쥐는 가족과 마을이 편안하기를 늘 (　　　　　)았/었습니다.

(3) 콩쥐는 팥쥐를 손님방으로 (　　　　　)고 음식을 주었습니다.

(4) 팥쥐와 콩쥐는 손을 (　　　　)고 뒷마당을 (　　　　)았/었습니다.

2 콩쥐가 혼자 있을 때 하는 일 두 가지를 고르세요.

Choose two things that Kongjwi did when she was alone.

① 산책하다　　　② 꽃을 심다　　　③ 가족을 만나다　　　④ 음식을 만들다

3 글의 내용과 같은 것은 무엇입니까?

Which of the following matches the content of the story?

① 콩쥐는 연못에 빠져 죽었습니다.

② 콩쥐는 넘어져서 얼굴에 상처가 생겼습니다.

③ 원님은 팥쥐가 거짓말하는 것을 알았습니다.

④ 팥쥐가 콩쥐의 집에 찾아온 때는 겨울이었습니다.

4 팥쥐는 콩쥐를 연못으로 민 뒤, 무엇을 했습니까?

What did Patjwi do after she pushed Kongjwi into the pond?

_____

5 원님은 콩쥐의 얼굴이 달라져서 놀랐습니다. 원님의 질문에 팥쥐는 어떻게 대답했습니까?

The village magistrate was surprised that Kongjwi's face had changed. How did Patjwi answer the village magistrate's questions?

(1) 질문: "왜 얼굴색이 까맣습니까?"

대답: _____

(2) 질문: "왜 얼굴에 상처가 많습니까?"

대답: _____

6

1 빈칸에 알맞은 단어를 넣어 문장을 완성하세요.

Put the correct word in each blank to complete the sentences.

지하	목소리	뜨다	타다	변하다

(1) 콩쥐가 눈을 (　　　　　　)고 원님을 바라보았습니다.

(2) 연꽃이 불에 (　　　　　　)아/어서 구슬로 (　　　　　　)았/었습니다.

(3) 갑자기 구슬에서 어떤 (　　　　　　)이/가 들려왔습니다.

(4) 원님은 팥쥐를 춥고 어두운 (　　　　　　) 방에 넣었습니다.

2 할머니가 한 말이 <u>아닌</u> 것을 고르세요.

Choose the answer that was not said by the old woman.

① "누가 여기에 꽃을 걸었어?"

② "그럼요. 제가 도와드리겠습니다."

③ "누가 이렇게 예쁜 구슬을 불에 넣었지?"

④ "제 방에 원님을 기다리는 사람이 있습니다."

3 등장인물에 맞는 설명을 찾아 번호를 쓰세요.

Find the answer that best describes each character and write its number in the blank.

① 구슬을 방으로 가져갔습니다.
② 연꽃을 아궁이 속에 던졌습니다.
③ 다시 이 마을로 돌아오지 못합니다.
④ 죽은 후에 연꽃과 구슬로 변했습니다.
⑤ 달라진 콩쥐의 마음을 풀어주려고 노력했습니다.
⑥ 구슬에서 나온 콩쥐가 원님과 만나는 것을 도와주었습니다.

(1) 콩쥐: _____   (2) 원님: _____

(3) 팥쥐: _____   (4) 할머니: _____

(5) 새어머니: _____

4 연꽃을 방문 위에 걸어둔 뒤, 원님과 팥쥐에게는 어떤 일이 생겼습니까?

What happened to the village magistrate and Patjwi after the lotus flower was placed over the door?

(1) 원님: _____

(2) 팥쥐: _____

5 콩쥐가 여러 모습으로 변해 이동한 장소를 순서대로 쓴 것은 무엇입니까?

Which of the following shows the correct order of the locations Kongjwi moved to after transforming into something?

① 연못 → 방문 위 → 부엌 아궁이 → 할머니 방

② 연못 → 부엌 아궁이 → 할머니 방 → 방문 위

③ 방문 위 → 할머니 방 → 부엌 아궁이 → 연못

④ 방문 위 → 할머니 방 → 연못 → 부엌 아궁이

6 새어머니의 구박에도 아무 말 없이 시키는 대로 하는 콩쥐에 대해 여러분은 어떻게 생각합니까? 여러분이 콩쥐라면 어떻게 행동했을까요?

What do you think about Kongjwi never saying anything in response to the stepmother's abuse and doing whatever she was told to do? What would you have done if you were Kongjwi?

———————————————————————————

———————————————————————————

———————————————————————————

7 이 이야기는 '착한 사람은 복을 받고 악한 사람은 벌을 받는다'는 교훈을 주고 있습니다. 이러한 교훈이 담긴 여러분 나라의 이야기를 찾아 소개해 봅시다.

The moral of this story is "good things happen to good people, and bad things happen to bad people." Find a story in your home country that has a similar moral and describe it here.

———————————————————————————

———————————————————————————

———————————————————————————

1장

1 (1) 행복했습니다   (2) 닮아서
    (3) 시간이   (4) 지은
    (5) 세상을

2 (1) 좋은데   (2) 바쁜데
    (3) 샀는데   (4) 읽는데
    (5) 갔는데

3 (1) ○   (2) ×   (3) ×   (4) ○

4 (1) ②   (2) ①

5 아이 갖는 것을 부탁했습니다.

6 아내가 아이가 태어난 지 백 일 만에 세상을 떠났기 때문입니다.

2장

1

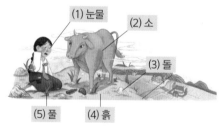

(1) 눈물   (2) 소   (3) 돌   (5) 풀   (4) 흙

2 (1) 났습니다   (2) 싫어했습니다
    (3) 부러져서   (4) 부드러운, 튼튼한

3 ④

4 ④

5 자신이 결혼하면 아버지 혼자 지내는 것이 걱정되었기 때문입니다.

6 가족과 같이 먹으려고 모두 집으로 가져갔습니다.

3장

1 (1) 나타났습니다   (2) 그만두고
    (3) 쌀이   (4) 다리
    (5) 오래된

2 (1) 많거나   (2) 읽거나
    (3) 슬프거나   (4) 하거나

3 (1) ③   (2) ①   (3) ②   (4) ④

4 ②

5

어떤 일을 시켰습니까?	누가 도와주었습니까?
(1) 항아리에 물을 가득 넣는 일	두꺼비
(2) 쌀의 껍질을 모두 벗기는 일	새
(3) 빨래하는 일	선녀

6 (1) 예쁜 옷, 꽃신   (2) 꽃신

4장

1

(1) 부엌   (2) 얼굴   (3) 신발   (4) 치마   (5) 발

2 (1) 주머니   (2) 주인을, 방문했습니다
    (3) 결혼을   (4) 맞는

3 콩쥐가 원님에게 그동안 자신이 한 나쁜 행동들을 이야기할까 봐 걱정되었기 때문입니다.

4 ②, ③

5 ③, ④

6 ☑ "착한 콩쥐에게 좋은 일입니다."
   ☑ "두 사람이 정말 잘 어울립니다."

7 (1) × (2) × (3) ○ (4) ○

5장

1 (1) 놀랐습니다   (2) 바랐습니다
   (3) 안내하고   (4) 잡고, 걸었습니다

2 ①, ②

3 ①

4 콩쥐 방으로 가서 콩쥐의 옷으로 갈아입었습니다.

5 ① "뒷마당에서 꽃을 심을 때 햇빛 때문에
      얼굴이 탔어요."
   ② "방으로 들어올 때 넘어져서 얼굴에 상처가
      생겼어요."

6장

1 (1) 뜨고   (2) 타서, 변했습니다
   (3) 목소리가   (4) 지하

2 ①

3 (1) 콩쥐: ④   (2) 원님: ⑤
   (3) 팥쥐: ②   (4) 할머니: ①, ⑥
   (5) 새어머니: ③

4 (1) 원님: 방문 근처를 지나가면 좋은 냄새가
          나서 기분이 좋았습니다.
   (2) 팥쥐: 방문 근처를 지나가면 머리와 얼굴에
          상처가 났습니다.

5 ①

6 🖊 저는 새어머니에게 팥쥐도 똑같이 일을 해야
      한다고 말할 것입니다. 그리고 아버지께 새
      어머니와 팥쥐가 한 나쁜 일을 모두 말씀드
      릴 것입니다.

7 🖊 일본의 '꽃 피우는 할아버지'를 소개합니다.
      어느날 마음씨 착한 부부는 개 한 마리를 도
      와주었습니다. 그 개가 금을 찾아주어서 마
      음씨 착한 부부는 부자가 되었습니다. 그것
      을 본 마음씨 나쁜 부부가 그 개를 빼앗았고
      결국 벌을 받아 죽습니다.

   🖊 프랑스의 '신데렐라'를 소개하고 싶습니다.
      신데렐라는 새어머니와 새언니들 때문에 힘
      든 집안일을 하고 외롭게 지내지만 요정이
      마음씨 착한 신데렐라를 도와주었습니다. 그
      래서 신데렐라는 왕자님과 결혼해 행복하게
      살고, 새어머니과 새언니들은 벌을 받습니다.

   🖊 베트남의 '떰과 깜' 이야기는 한국의 '콩쥐팥
      쥐전'과 비슷합니다. 새어머니와 새어머니의
      딸 깜이 착한 떰을 괴롭히지만 부처님의 도
      움으로 떰은 왕자와 결혼하고 깜은 벌을 받
      습니다.

   🖊 포르투갈에는 '왕비가 된 막내딸' 이야기가
      있습니다. 도와주는 일을 좋아하는 요정이
      욕심 많은 첫째 딸과 외모만 생각하는 둘째
      딸이 아닌 착한 마음씨를 가진 막내딸을 도
      와주어 막내딸이 왕비가 되어 행복하게 사는
      이야기입니다.

   🖊 독일의 '홀레 할머니가 주신 행운과 불행'은
      홀레 할머니가 부지런하고 착한 소녀의 옷에
      금을 칠해 주고 게으르고 욕심 많은 소녀의
      언니의 옷에는 더러운 것을 칠해 주었다는
      이야기입니다.

1

The Daughter Kongjwi

p. 11

There was once a man named Choi Manchun who lived in a village during the Joseon Dynasty. He had a wife with a kind heart, and they loved each other very much. But they were also concerned about something. They were unable to have a child.

"Dear, let's go to the temple and pray to the Buddha," the wife said. Choi Manchun agreed and wanted to do the same. So the couple went to the temple every day.

"Please give us just one child."

Even on days when it was raining or snowing, they still went to the temple and prayed to the Buddha every day.

p. 12

One day, the wife spoke up.

"Dear, the Buddha has answered our prayers!"

Choi Manchun responded joyfully.

"We will raise this child to be beautiful and kind."

And then, ten months later, a beautiful baby girl was born.

"Dear, have you thought about what to name our daughter?" the husband asked.

"How about Kongjwi?"

"Kongjwi? Kongjwi! That's a beautiful name!" The husband liked the name his wife gave their daughter.

p. 13

Choi Manchun looked at Kongjwi and spoke, "Kongjwi, Kongjwi, our Kongjwi, you resemble your mother and are so beautiful!" The couple were very happy.

However, their happiness did not last very long. Following Kongjwi's birth, the wife was unable to eat and did not feel well. And then, only one hundred days after Kongjwi was born, the wife passed away. Mr. Choi was very sad.

He cried because he missed his wife, and he cried because he felt pity for his child. He worried about raising a young daughter on his own. But he didn't have time to worry. In the daytime, he worked while carrying his daughter on his back, and at nighttime he hugged her while they slept. It was difficult and demanding to raise a child alone. Mr. Choi nonetheless continued working hard, always thinking of his daughter.

As time went on, Kongjwi turned ten years old. She was a beautiful and kind child. Smart and diligent, she helped out with the village chores and also did housework well. She prepared food and made clothes for her father. The local villagers always praised Kongjwi. Mr. Choi was also very happy to see that Kongjwi had grown up so well. The two lived happily in a small, thatched-roof house.

2
The Stepmother and Patjwi

p. 14

A few years later, Kongjwi became old enough to get married. Mr. Choi talked to Kongjwi often about marriage. But Kongjwi had no intention of getting married. This was because she worried about her father living alone if she got married.

"Father, I don't want to get married. I like living with you like this."

However, Mr. Choi felt bad because he also understood how Kongjwi worried about her father.

One day, Mr. Choi's friend introduced him to a woman whose last name was Bae. Ms. Bae did not like sharing things with others and only liked money. However, in front of Mr. Choi, she acted very kind-hearted.

p. 15

For this reason, Mr. Choi liked Ms. Bae. And if he were to marry her, then Kongjwi could marry without worrying about him. Mr. Choi then married Ms. Bae without knowing her true self. Ms. Bae also had a daughter, whose name was Patjwi. Patjwi was one year younger than Kongjwi and was greedy like her mother.

After marrying Mr. Choi, Ms. Bae showed affection only to her own daughter, Patjwi, while she despised Kongjwi. In fact, the stepmother and Patjwi were kind to Kongjwi only when her father was around. When he was gone, they made life very difficult for Kongjwi.

The stepmother made only Kongjwi do difficult tasks and often became upset with her. And after Kongjwi cleaned up a part of the house, Patjwi would come and dirty up that part with mud or water. Patjwi would also take Kongjwi's pretty clothes and all the other nice things that her father had given her.

One day, the stepmother spoke to both Kongjwi and Patjwi.

"Everyone must work. I can't feed anyone who doesn't work."

p. 16

The stepmother gave Patjwi an iron hoe to use, and she gave Kongjwi a wooden one. Patjwi pulled weeds where the ground was soft, while Kongjwi worked where there were lots of rocks.

It was very easy to work with the sturdy iron hoe on soft ground. Patjwi finished her work quickly and then played around until the sun went down.

p. 17

Kongjwi, on the other hand, who worked on the rocky land, was unable to finish her work quickly. The wooden hoe was not sturdy, and the rocks were too big. Nevertheless, Kongjwi worked hard.

Despite only being able to do a little work, her hoe broke in half with a snap. Kongjwi wanted to go home to get a new hoe, but she thought her stepmother would be angry. So she had no choice but to work with her hands.

Time passed, and it became evening. Kongjwi had hurt her hands, and they were bleeding. Unable to eat, she felt powerless. With a hurt body and broken heart, she started to cry. That's when it happened.

"Miss Kongjwi, why are you crying?"

Kongjwi raised her head. A large cow was looking at her. Kongjwi was so startled she fell over.

"Don't be afraid. I came here because I wanted to help you."

Kongjwi listened to the cow's soft voice and started crying her heart out as she spoke.

p. 18

"My hoe broke and I can't finish all the work my stepmother made me do. If I don't do all the work, my stepmother will be angry."

The cow listened to Kongjwi and replied.

"Miss Kongjwi, don't worry. Please go to the river and wash your face."

Kongjwi heard the cow's words and went to the river. While she was washing her face, the cow completed all of her work.

p. 19

When Kongjwi returned from the river, she was very happy to see no weeds or rocks on the cleared land.

"Thank you. Thank you very much."

The cow replied.

"Miss Kongjwi, aren't you hungry? Eat this fruit and cheer up."

The cow gave Kongjwi a lot of delicious fruit and then returned to from where he came. Kongjwi gathered all the fruit she received from the cow to take back home and share with her family.

"Mother, I'm home."

The stepmother replied with an icy voice.

"Did you do all your work?"

"Yes, Mother, I finished all my work. Also, please have some of this fruit."

The surprised stepmother thought Kongjwi was lying, so she decided to go and see it by herself.

p. 20

The stepmother was astonished to see the cleared land. Then she became very, very angry.

"Did you really do all that work all by yourself? And where did you get this fruit from?"

Kongjwi told the stepmother about the cow who had helped her with the work. The stepmother didn't believe her.

"Humph! You lie, and you secretly take fruit from somewhere. I can't give supper to a bad child."

Then, without giving any of the fruit to Kongjwi, the stepmother ate the fruit together with just Patjwi. Unable to eat anything, Kongjwi returned to her room and lay down. She tried to sleep but couldn't fall asleep because she was hungry.

Such days, when Kongjwi was unable to eat, gradually increased. The stepmother and Patjwi were treating Kongjwi worse and worse. The father was not at home because he was often at work. So Kongjwi didn't say anything to him out of fear he would worry about her.

"Mother..."

Kongjwi missed her mother in heaven and started to cry.

She cried alone like this every day.

3
The Village Banquet

p. 21

One day a big banquet was held in the village. It was held to celebrate the arrival of the village's new magistrate.

The stepmother and Patjwi put on nice clothes and prepared to go to the banquet.

"You look so beautiful today, Patjwi! Everyone will surely be surprised."

The stepmother looked at Patjwi as she spoke. Kongjwi, watching them get ready for the banquet, was envious.

"Mother, I want to go to the banquet, too."

"You, too?" the stepmother asked.

"Yes Mother. Please take me along too. I'll go and do as you say, and stay quiet."

"Okay. If you want to go, then go."

Both Kongjwi and Patjwi were stunned at the stepmother's words. Kongjwi was happy, but Patjwi was not.

p. 22

"Mother, is Kongjwi really going together with us? I don't want to go with someone dressed in such dirty clothes..."

Kongjwi was saddened by Patjwi's words. The stepmother continued speaking with a cold expression on her face.

"Once you fill the jars in the kitchen with water, husk all the rice in the yard, and do all the laundry, then you may go."

Patjwi enjoyed hearing her mother's words and smiled.

"Yeah, once you're done with all that work, you can go."

The stepmother and Patjwi cackled with laughter and departed for the place where the banquet was being held. The stepmother had ordered so much work to be done. It would have been difficult to finish it even if many people worked together. Nonetheless, Kongjwi resolved to get it done.

"Okay, I can do this!"

First, Kongjwi grabbed a small bowl and filled it with water. Then she took the water and poured it into a jar in the kitchen. She did this, going back and forth, about ten times. However, no matter how hard she tried, the jar did not fill with water.

Kongjwi looked at the jar up and down and noticed that it was cracked at the bottom. In reality, the stepmother knew the jar was cracked. She had never wanted Kongjwi to attend the banquet in the first place, so she made her try to fill the jar.

p. 23

"Oh no, I won't be able to go to the banquet..."

Kongjwi sat down in front of the jar and wiped her tears. Then, a large toad appeared and came before Kongjwi.

"Miss Kongjwi, please don't cry. I will help you."

The toad went toward the bottom of the jar. Then it put its body into the cracked part of the jar and spoke.

"As long as I am here, the water shouldn't leak to the outside. Please try putting in some water.

Startled, Kongjwi looked at the toad and spoke.

"But I'm worried that you'll get hurt."

The toad chuckled and replied.

"My body is small, but I am very strong. Quick, try putting some water in the jar."

Kongjwi had no choice but to fill up the jar as instructed. Soon, the jar was filled with water.

"Thank you very much. But isn't the water cold?"

Kongjwi spoke with a worried voice.

"Don't worry. I'm just fine. You are kind-hearted, so I wanted to help you."

p. 25

Kongjwi thanked the toad once more and went to husk the rice. However, birds had gathered in the yard where the rice was located. Worried that the birds would eat all the rice, she yelled at them.

"Shoo, shoo!"

She hurried over to the rice. But when she saw the rice, she was surprised. The birds had not been eating the rice, but rather husking it.

"The birds came to help me, but I didn't know it and got mad at them!"

"Chirp chirp chirp!"

The birds flew above Kongjwi's head. Kongjwi put the cleanly husked rice into a bowl. Then she thanked the birds, which were perched in a tree.

"Thank you very much."

That's when it happened.

"Kongjwi."

Someone was calling her name. Kongjwi turned to look behind her and saw a beautiful woman standing there.
"Who, who are you?"
Kongjwi asked, surprised.

p. 26

The woman looked at Kongjwi and smiled.
"I'm a fairy. I have come from the heavens to help you, Kongjwi."
"Oh! A fairy!"
Kongjwi looked at the fairy and, like magic, she felt at ease. She started to cry. Then the fairy spoke.
"Sweet Kongjwi, please don't cry. I've done all the laundry, so hurry on to the banquet."
Then the fairy gave Kongjwi some pretty clothes and flower shoes to wear.
"Wear these clothes and shoes and go to the banquet. They are my gifts to you."
The fairy gave Kongjwi the gifts and hugged her. Kongjwi was happy. She thought of her deceased mother.
"Please continue being kind-hearted."
After sayings these words, the fairy got on a cloud and rode it up and away into the sky. Looking toward the sky, Kongjwi spoke.
"Fairy! Thank you! I will do exactly that!"
Kongjwi put on the clothes and shoes the fairy gave her. She was as beautiful as a spring flower. After the stepmother and Patjwi had come to live with them, Kongjwi had worked constantly, without even a single day of rest.

p. 27

While Patjwi always wore new clothes, Kongjwi only had old clothes to wear. That's why going to the banquet in such beautiful clothes was like a dream to Kongjwi.
Kongjwi sang a song while she went to the place where the banquet was being held. Once she crossed the river and was walking down the main road, she could hear music. Happy, Kongjwi followed the sound of the music.
There, the people of the village were gathered around enjoying the banquet. Everyone was laughing and either talking or eating delicious food. There were people singing along to music, and others were dancing. Everyone looked happy.

p. 28

When Kongjwi entered the banquet area, everyone stared at her.
"Wow, she looks just like a fairy!"
The people were talking as they looked at her. Kongjwi went toward the stepmother and Patjwi, who were eating.
"Mother, I'm here."
The stepmother and Patjwi did not recognize Kongjwi. The stepmother asked, "Who, who are you?"
"Mother, it's me, Kongjwi."
Hearing this, the stepmother and Patjwi were very surprised.
"How did you end up coming here? Did you finish all your work?"

"Yes, I finished all of it."
Patjwi heard Kongjwi's answer and spoke.
"Mother, that's a lie. How could she do all that work by herself? And look at those clothes and shoes. She must have taken someone else's things again."
Kongjwi explained how the toad, birds, and fairy had all helped her. But once again, the stepmother didn't believe her. The stepmother spoke.
"Don't lie to us. Just go home right away. Put those clothes and shoes in Patjwi's room and then do the housework."

p. 29

Kongjwi didn't want to return home.
"Mother, please. Today I want to eat some delicious food and enjoy the sights. When we go home after the banquet I'll give the clothes and shoes to Patjwi. I'll also do the housework even more diligently."
But the stepmother, with a scowl, responded.
"I'm going to tell your father about everything you did today!"
Hearing her stepmother's words, Kongjwi had no choice but to return home. This was because she didn't want to do anything that would worry her father.
On her way home, Kongjwi stopped and sat down on the bridge over the river to rest. That's when it happened. Suddenly, there were sounds of musical instruments and noisy people. Surprised at the ruckus, Kongjwi turned around to look. A crowd of people were approaching in order to cross the bridge. There village magistrate was among them, riding in his sedan chair. Kongjwi hurried to get across the bridge. However, as she was doing so, one of her

shoes fell off of her foot.
"Hey, your shoe!"
Carried by the flowing water, the shoe traveled far away down the river. Gradually more and more people gathered around. Kongjwi had no choice but to give up finding her shoe, and she returned home.

4
The Village Magistrate's Wife

p. 30

The village magistrate noticed the single shoe floating down the river from inside his sedan chair. He spoke.
"Bring me that shoe!"
A servant brought the shoe to the magistrate, who saw that it was a beautiful flower shoe. The village magistrate wondered who the owner of the flower shoe was. So he called out to his government officials.
"Please find and bring back the owner of this flower shoe."
The next day, the government officials went into the village to search for the owner of the shoe.
"The village magistrate is looking for the owner of this flower shoe!"
The women of the village heard their announcement and responded.
"I am the owner of the flower shoe."
"No, I bought that flower shoe at the market yesterday."
The government official holding the flower shoe then spoke.

p. 31

"In that case, please try this shoe on."
The village women tried on the shoe.
However, none of the women had the
matching size.
"Let's visit homes directly to find the owner."
The government officials visited every house
one by one in search of the owner of the
flower shoe. They arrived at Kongjwi's home
in the late afternoon.
"Is there anyone here who lost this flower
shoe?"
In fact, the stepmother knew that Kongjwi
was the owner of the flower shoe. This was
because it was the same flower shoe that
Kongjwi had been wearing on the day of the
banquet. And she also had heard the other
villagers talking about the village magistrate
searching for the owner of the flower shoe.
However, the stepmother did not like the
idea of the village magistrate meeting
Kongjwi. This was because she was afraid
that Kongjwi would tell the magistrate about
all the bad things she had done so far. The
stepmother spoke.
"That's my shoe. I lost it yesterday."
The government officials looked at the
stepmother's feet. Her feet appeared too
large to fit. But one of the officials gave the
shoe to the stepmother and spoke.

p. 32

"In that case, please try it on."
The stepmother put her foot in the flower
shoe. But the shoe was too small for her
foot. Nonetheless, she forced her foot into
the shoe. The official took back the shoe and
spoke.

"It doesn't seem to fit. This isn't the shoe you
lost."
That's when Patjwi spoke up.
"I'll try it on."
But the flower shoe didn't fit Patjwi's foot,
either. Patjwi became angry and spoke.
"Argh! This isn't a human shoe. Who could
ever wear such as small shoe?"
Patjwi threw the flower shoe far into the
air. The shoe flew into the kitchen. The
government official scowled at Patjwi. Then
he went into the kitchen to retrieve the shoe.
There, Kongjwi was preparing dinner.
"Do you live here?" asked the official.
"Yes."
Kongjwi answered in a soft voice.
"In that case, please try on this flower shoe."
Then the stepmother spoke.

p. 33

"That kid is not the owner of the shoe. The
owner is not here in my house, so please just
go along."
The official replied to the stepmother.
"Every woman in the village can try on this
flower shoe. That is the word of the village
magistrate. So please be quiet."
Then the government official gave the flower
shoe to Kongjwi. She carefully tried it on, and
it fit perfectly. The official asked Kongjwi.
"Are you the owner of this flower shoe?"
Kongjwi answered.
"Yes."
Then she took out the matching other flower
shoe from her skirt pocket and put it on.
"Oh! We finally found her! Please come with
us, as the village magistrate is looking for
you."

And Kongjwi was also fond of the kind and smart magistrate.

The next day, the village magistrate went to Kongjwi's home to talk to her father about marriage. The father was happy that Kongjwi, who had grown up lonely and without a mother, would marry a good person.

p. 34

The government officials took Kongjwi to the place where the village magistrate was located. The village magistrate had been waiting for her. The magistrate spoke to Kongjwi.

"I want to hear the story of your beautiful flower shoes."

Kongjwi told the village magistrate about the fairy who had helped her. And she also told him about the cow, the toad, and the birds. She didn't want to tell him about all the bad things that the stepmother and Patjwi had done, but in front of the village magistrate she had no choice but to tell the truth.

The village magistrate was very angry to hear about the things the stepmother and Patjwi had done. Kongjwi, however, had a request of the magistrate.

"My stepmother and Patjwi are my family. Please do not get too angry at them."

The village magistrate thought for a moment. 'You really are such a kind person that the heavens would assist you.'

To the village magistrate, it seemed like he would be happy if he could marry Kongjwi.

p. 35

The village magistrate and Kongjwi's father talked about a lot of things. The stepmother was listening to their conversation from behind a door. But she wasn't able to restrain herself for long, and she went into the room to speak.

"Village magistrate, Kongjwi is lazy and can't even do the household chores. How about marrying the kind and diligent Patjwi?"

The village magistrate became angry upon hearing the stepmother's request, but he patiently refrained himself and responded.

"The father has congratulated us on our marriage, so I ask you, the mother, to congratulate us as well."

While the stepmother did not like fact that Kongjwi was marrying the village magistrate, there was no other alternative.

A few days passed. The village magistrate and Kongjwi were married.

"This is a good thing for kind-hearted Kongjwi."

"The two of them look really good together."

The villagers celebrated the marriage between the village magistrate and Kongjwi. However, the stepmother and Patjwi did not look happy as they watched the marriage ceremony.

'I should be the wife of the village magistrate, not Kongjwi!'

Patjwi couldn't bear seeing the village magistrate marrying Kongjwi. Scowling at Kongjwi, she spoke softly.

"Kongjwi, do you think you can live happily?"

5

Patjwi's Secret

p. 37

The village magistrate was happy being married to Kongjwi. And Kongjwi was so happy she smiled all the time.

However, the village magistrate often had to go to Hanyang for work. So there were many days when Kongjwi had to spend time alone. When the magistrate went to Hanyang, Kongjwi would usually plant flowers in the backyard or stroll around the pond. And she would always hope that her family and the rest of the villagers were living peacefully. Every day was like living in a dream.

Then, one day in July, someone came to see Kongjwi. On this day, the village magistrate had once again gone to Hanyang. Who could Kongjwi's visitor be? It was none other than Patjwi. While Kongjwi was surprised at Patjwi's sudden appearance, she still gladly greeted her.

p. 38

"Come in. I'm so happy to see you after all this time."

"I'm happy to see you too, big sister. I've missed you lately."

This was the first time Patjwi had ever called Kongjwi "Big sister." Kongjwi led Patjwi to the guest room and gave her some delicious food. However, Patjwi just cried without eating any of the food.

"Why are you crying? Did something happen?"

Patjwi responded because Kongjwi was worried.

"Big sister, I'm really sorry for making things so difficult for you. Living alone now without you around, I miss you so much and am so lonely. I don't know why I acted that way back then."

Kongjwi listened to Patjwi and replied.

"Let's forget about the past and get along well going forward."

"Big sister, thank you."

"So stop crying and eat some food."

"Now that I've seen you, I feel full without even eating anything. By the way, where is the village magistrate?"

"He went to Hanyang. He should be back this evening."

"It seems like you are lonely, too, just like me."
"No. I pass the time by planting flowers in the backyard and taking walks around the pond."

p. 39

"The pond?"
Patjwi smiled as if a good idea had come to mind. Then she turned to Kongjwi and spoke.
"Big sister, there's a pond here? I want to go see the pond, too."
Kongjwi was happy that it seemed like she would be able to have a nice time with Patjwi. The two held hands and walked through the backyard. When they arrived at the pond, Patjwi spoke.
"Big sister, the scenery is good here. Let's sit down here to talk and have a snack."
"Okay, let's do that."
Kongjwi and Patjwi sat down by the pond.
"It's really nice to spend time with my big sister like this."
"I really like it, too. Don't you think mother would also like it?"
"Yes, I'll tell mother about it," Patjwi responded.
Then, looking to the sky, Patjwi spoke again.
"Big sister! Look at the sky. It's so pretty today."
Kongjwi also looked at the sky. There were white clouds in the blue sky. Patjwi spoke again while looking up at the sky.
"But that cloud over there, it looks like something... Big sister, what does it look like to you?"

p. 40

Kongjwi also looked up at the sky and spoke.
"Which cloud?"
"That one over there. I think you can see it if you stand up..."
Kongjwi stood up in order to see the cloud that Patjwi was talking about. Kongjwi continued searching the sky and spoke.
"What cloud? I don't see..."
That's when it happened. Suddenly, Patjwi pushed Kongjwi into the pond.
"Yikes!"
Kongjwi fell into the pond and couldn't get out. When Patjwi saw that Kongjwi wasn't getting out of the water, she hurried off to Kongjwi's room. Patjwi spoke as she changed into Kongjwi's clothes.
"Humph! The village magistrate's wife isn't you, it's me!"
Then, it happened. The village magistrate returned from Hanyang. Patjwi went toward the magistrate as if nothing had happened. Then she acted like Kongjwi and spoke.
"Aren't you tired? You should get some rest early today."

p. 41

But the village magistrate was surprised at the sight of Kongjwi's face. It was very different from the way her face usually looked.
"Dear, your face is very strange. It's dark in color, and it has a lot of scars on it..."
Patjwi replied.
"My face got sunburned by the sunlight when I was planting flowers in the backyard. And then, when I entered the room, I fell and got scars on my face."
The village magistrate believed Patjwi's lies.

6
The Gift

p. 42

A few days passed. The village magistrate thought that Kongjwi had changed a lot. Not just her face had changed, but her personality was also very different. She became annoyed more often, and she often got angry at the servants who did the housework.

Nonetheless, the village magistrate loved Kongjwi. He had no idea that his wife was not really Kongjwi, but Patjwi. That was because it was something unthinkable.

"I think I'm feeling uncomfortable because Kongjwi's face has changed," thought the village magistrate, and he endeavored to make Kongjwi feel more at ease.

One day, the village magistrate took a walk alone in the backyard. Then he saw that

a big, beautiful lotus flower had bloomed above the pond.

"Oh, I would like to put this flower in my home so I can see it often..."

p. 43

The servant who heard the village magistrate speak took the lotus flower and hung it over the door of the village magistrate's room. The lotus flower then bloomed in the house even more beautifully than it had in the pond. Whenever the magistrate passed by it, its pleasant scent would put him in a good mood. However, whenever Patjwi passed by it, she would get scratches on her head and face.

"Ouch! Who put a flower here?"

Angry, Patjwi threw the lotus flower into the kitchen furnace. Later that evening, the old woman who did the kitchen work found a beautiful bead inside the furnace. The lotus flower had turned into the bead after being burned in the furnace.

"Who could have put this pretty bead into the fire?"

The old woman thought it was strange and took it into her room.

Then she wiped the bead clean with a towel. Suddenly, she heard a voice coming from the bead. Frightened, the woman clasped her hands together and spoke.

p. 44

"Oh, please let me live. I only took it because I thought someone had thrown it away.

"Old woman, please raise your head."

The woman listened to the voice and raised her head. Kongjwi was standing right in front of her. Crying, Kongjwi told the old woman all about what had happened to her. Then she added, "Old woman, I want to meet with the village magistrate."

"Sure. I will help you do that."

The old woman felt sorry for Kongjwi and wanted to help her. She hurried off to the village magistrate and told him.

"Mr. Village Magistrate, there's someone waiting to see you in my room. Some bad things have happened to her, so would you mind meeting with her?"

"Of course not. I will meet with her."

The village magistrate went to the old woman's room. Upon entering the room, he was very surprised to see Kongjwi there. Kongjwi's face looked the same as it had when they had first met.

"Why are you here? And how did your face change back to the way it used to look?"

"My dear husband, the Kongjwi you are living with now is not Kongjwi. It is none other than Patjwi."

Kongjwi told the village magistrate about how Patjwi had killed her, and then she returned to the inside of the bead.

p. 45

The village magistrate was sad about Kongjwi's death, and he found it hard to believe. And he became very angry at Patjwi for killing Kongjwi and lying to him. But he could not just be sad and angry. With a few other

people, he went to the pond to look for Kongjwi. They soon found Kongjwi's body in the pond and placed it on dry land. Everyone there was so sad that they couldn't even utter a word. The village magistrate placed the bead into Kongjwi's hand and cried.

"My dear, you changed into a lotus flower, and you also changed into a bead, and you even tried to tell me that you had died, but I, like a fool, didn't even know my wife had changed. I'm sorry."

p. 46

That's when it happened.

"My dearest husband."

The village magistrate heard a voice calling out to him and raised his head. Kongjwi had opened her eyes and was looking at him.

"Oh, it can't be! How is this happening!" Kongjwi had come back to life. The magistrate hugged her and spoke.

"Thank you! Thank you! Thank you for opening your eyes again and talking to me!" The people saw that the village magistrate was happy and started crying. All the other villagers were happy too once they heard the news.

"The heavens have given kind-hearted Kongjwi a gift."

The village magistrate captured Patjwi and put her in a cold, dark room in the basement. Then he sent the stepmother away from the village and made it so that she could never return.

From that time onward, Kongjwi and the village magistrate were loved by the villagers and lived together happily ever after. People looked at Kongjwi and Patjwi and said the following.

"As expected, good things happen to good people, and bad things happen to bad people."

MEMO

MEMO

MEMO

MEMO

Darakwon Korean Readers

콩쥐팥쥐전 The Story of Kongjwi and Patjwi

Adapted by Kim Yu Mi, Bae Se Eun
Translated by Chad A. Walker
First Published September, 2020
Second Printing August, 2024
Publisher Chung Kyudo
Editor Lee Suk-hee, Kim Sook-hee, Park Inkyung
Cover Design Yoon Ji-young
Interior Design Yoon Hyun-ju
Illustrator SOUDAA
Voice Actor Shin So-yun, Kim Rae-whan

Published by Darakwon, Inc.
Darakwon Bldg., 211 Munbal-ro, Paju-si, Gyeonggi-do
Republic of Korea 10881
Tel : 02-736-2031 Fax : 02-732-2037
(Marketing Dept. ext.: 250~252, Editorial Dept. ext.: 420~426)

Copyright © 2020, Darakwon, Inc.

All rights reserved. No part of this publication may be
reproduced, stored in a retrieval system, or transmitted in any
form or by any means, electronic, mechanical, photocopying
or otherwise, without the prior consent of the copyright owner.
Refund after purchase is possible only according to the
company regulations. Contact the above telephone number for
any inquiries. Consumer damages caused by loss, damage,
etc. can be compensated according to the consumer dispute
resolution standards announced by the Korea Fair Trade
Commission. An incorrectly collated book will be exchanged.

ISBN 978-89-277-3261-7 14710
       978-89-277-3259-4 (set)

Visit the Darakwon homepage to learn about our other
publications and promotions. and to download the contents of
the MP3 format.

http://www.darakwon.co.kr
http://koreanbooks.darakwon.co.kr